Anne-Katrin Hagen

Erste Reitstunden

Tipps für Einsteiger

CADMOS

Inhalt

Impressum

Gestaltung und Satz: Ravenstein, Verden
Fotos: Künzel, Keller
Titelfotos: Künzel, Keller
Zeichnungen: Krumm
Druck: Rasch, Bramsche

Printed in Germany.

ISBN 3-86127-285-7

Das Pferd will zu seinen Artgenossen auf die Weide. Es geht nicht mehr vorwärts - es „drängelt".

Was man über Pferde wissen sollte

Das Pferd ist ein Herdentier. In der Wildnis leben die Tiere in größeren Verbänden zusammen, das bietet jedem Einzeltier einen größeren Schutz vor Feinden. Viele Augen und Ohren sehen und hören mehr als nur zwei. Eine feste Rangordnung regelt das Familienleben. Die Leitstute ist das Alpha-Tier. Sie hat die Führung, wenn es zu neuen Weideplätzen geht oder wenn es gilt, einen schützenden Ort vor Wind und Wetter zu suchen. Der Leithengst ist der Pascha und achtet darauf, dass sein Harem zusammen bleibt und dass die Junghengste nicht zu frech werden. Er verteidigt auch seine Familie gegen Angreifer.

Für den Reiter bedeutet das, dass er das „Leit-Tier" sein und sich durch ruhige, energische Konsequenz Vertrauen und Respekt verschaffen muss. Man sollte immer damit rechnen, dass das Pferd zu anderen Pferden drängt, etwa bei Ausritten an einer fremden Pferdekoppel entlang. Oder es gibt Schwierigkeiten, allein den Hof zu verlassen, weil der Boxnachbar nicht mitkommt. Man spricht von „drängeln" und „kleben".

Das Pferd ist ein Fluchttier. Nur die blitzschnelle, spontane Flucht in rasendem Galopp gibt der Herde eine Chance, dem Feind zu entkommen. In die Enge getrieben, wird ein Pferd auch einmal zum Einzelkämpfer und verteidigt sich mit Zähnen und Hufen. Selten tut es das, ohne vorher zu drohen: Es legt die Ohren an und zieht die zusammengezogenen Nüstern hoch. Die Hauptfeinde der freilebenden Pferde kommen von oben (Pumas springen von Bäumen und Felsvorsprüngen, Löwen springen die Pferde an und beißen in den Widerrist oder Hals) oder vom Boden (lauernde Schakale und zischende Giftschlangen). Das wäre eine Erklärung, weshalb Pferde oft eine panische Angst vor dem Zischen einer Spraydose haben.

Die Natur hat die Pferde, auch unsere Reitpferde, mit hochspezialisierten Sinnen ausgestattet, die ihnen erlauben, auch die geringste Veränderung ihrer Umgebung wahrzunehmen und sofort die Flucht anzutreten: Die Ohren sind wie Schalltrichter geformt, nach allen Seiten beweglich und außerordentlich sensibel. Sie erfassen auch Geräusche, die Menschen nicht hören.

Die Augen stehen seitlich am Kopf und ermöglichen einen weiten Blickwinkel fast ganz nach hinten, ohne dass das Pferd den Kopf zu

Beim Menschen stehen die Augen eng nebeneinander vorn im Kopf. So kann er in einem breiten Winkel scharf nach vorne blicken, dafür seitlich aber kaum über die Schulter hinaus nach hinten.

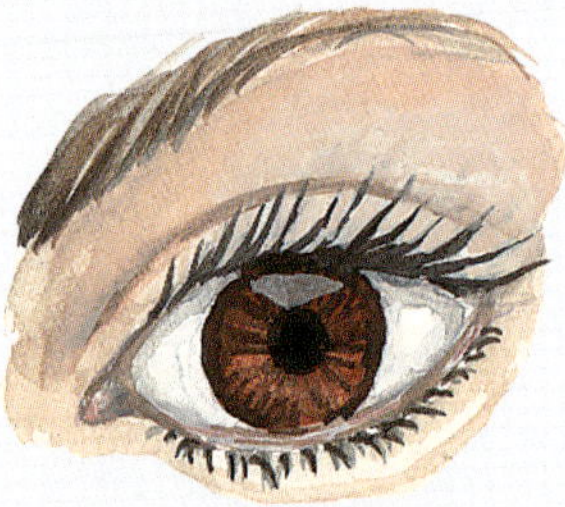

Das Menschenauge hat eine runde Pupille, in der sich die einfallenden Lichtstrahlen scharf bündeln. Außerdem ist das Auge in der Augenhöhle sehr beweglich.

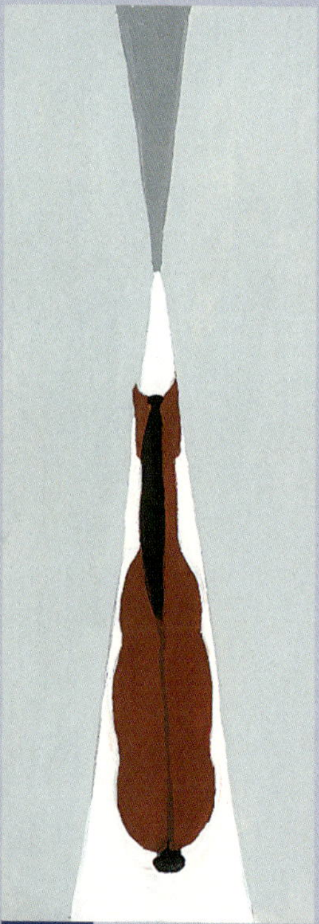

Das Pferdeauge sitzt seitlich am Kopf. Daher kann es fast nach hinten sehen, scharf sehen kann es aber nur in einem spitzen Winkel nach vorn, alle übrigen Blickwinkel sind unscharf.

Das Pferdeauge hat eine ovale Pupille, das einfallende Licht bündelt sich sehr ungenau. Die Netzhaut besitzt mehr Zellen für Licht und Schatten, aber weniger Zellen um Farbe zu identifizieren. Außerdem sitzt das Auge ziemlich starr in seiner Höhle.

wenden braucht. Das Auge ist so gebaut, dass es auf die leiseste Bewegung und besonders gut auf Licht und Schatten reagiert. Da es eine ovale Pupille hat, ist das Pferd nicht in der Lage, mit scharfen Konturen zu sehen. So kommt es, dass ein- und derselbe Gegenstand immer wieder neu und furchterregend wirkt, weil die Beleuchtung gewechselt hat.

Die Nase ist so fein, dass Schmackhaftes von Ungenießbarem (auch Medizin im Futter) unterschieden werden kann. Auch Feinde haben einen Geruch: Gefahr!

Der Reiter sollte daher bedenken, dass alles, was von oben kommt (Decke, Sattel, der aufsitzende Reiter), für das Pferd der Gewöhnung bedarf und dass stets mit großer Ruhe vorgegangen werden muss. Beim Ausreiten kann ein großer Stein oder eine Wiesenwalze zum lauernden Feind werden. Auf dem Hinweg wirft das Ding den Schatten anders als auf dem Rückweg. Einmal liegt er davor, das andere Mal dahinter. Das Kabel des Staubsaugers oder der Wasserschlauch haben das Aussehen einer Schlange, Spraydosen können zischen und der Tierarzt riecht nach Gefahr. Zu viel Parfüm ist ebenso unheimlich. Wenn ein Pferd in der Herde eine vermeintliche Gefahr wittert, signalisiert es Flucht. Das gilt für die ganze Herde! Kein Tier darf zurückbleiben, denn es wäre sonst das Opfer. Man darf sich also nicht wundern, dass, wenn in der gut besuchten Reithalle ein Pferd sehr nervig wird oder gar in Panik gerät, alle Pferde angesteckt werden.

Dieses Instinktivverhalten ist bei unseren domestizierten Pferden unterschiedlich erhalten geblieben. Es gibt durchaus Pferde, die auf solche Reize kaum noch reagieren. Aber man sollte immer damit rechnen.

So sieht ein Pferd aus, das voller Vertrauen und Zuversicht seinem Freund, seinem Reiter oder irgend etwas Bekanntem oder Interessantem entgegenblickt: Die Ohren sind nach vorne gespitzt, das Auge groß und klar und das Maul entspannt. Sicher wird es gleich freundlich schnobern.

Dieses Pferd spielt mit den Ohren und hat ein wenig die Lippen gespitzt. Der Gesichtsausdruck ist abwartend. Es ist sich nicht sicher – was war das für ein Geräusch? Kommt da ein Freund oder ein Feind?

Das Pferd hat die Ohren flach an den Hals gelegt, das Auge zeigt einen weißen Ring, die Nüstern sind zusammengedrückt und hochgezogen. Es bleckt die Zähne. Das Pferd droht! Gleich wird es beißen oder schlagen. Vorsicht! Hände weg!

Erste Ausrüstung und Sicherheit

Stiefel oder Stiefeletten

Am Anfang braucht man keineswegs eine komplette, teure, turnierfähige Ausrüstung: Man kommt mit wenigen Teilen aus.

Am wichtigsten ist der Helm! Er ist zwingend vorgeschrieben für jede Aktivität zu Pferde, egal ob es um Reiten über Hindernisse geht oder nur um gemütliches Ausreiten. Kommt es zu einem Unfall, ob selbstverschuldet oder nicht, und wird nachgewiesen, dass keine vorschriftsmäßige Kappe getragen wurde, zahlt die Versicherung keinen Pfennig! Die Kappe muss aus splitterfreiem Material sein und den europäischen Sicherheitsnormen entsprechen. Sie muss eine Vier- oder Dreipunktaufhängung haben. Schöner sieht der Helm aus, wenn er einen Bezug aus farbigem seidigem Stoff bekommt.

Als **Hose** kann am Anfang jede lange Hose getragen werden, die an den Beininnenseiten keine Nähte hat. Man scheuert sich sonst zu leicht die Knie auf.

Die **Stiefel** sind das teuerste Stück der Ausrüstung. Es müssen anfangs nicht gleich Lederreitstiefel sein. Es gibt sehr gute Stiefel aus einem gummiartigen Material, das viel billiger ist und sich leicht pflegen lässt. Mag man diese hohen, engen Stiefel nicht, empfehlen sich Stiefeletten. Auf alle Fälle sollten die Stiefel keine Profilsohle und keine Schnürsenkel haben: im Falle eines Sturzes muss der Fuß ganz leicht aus dem Bügel gleiten und darf nicht hängenbleiben. Turnschuhe sind nicht geeignet! Es ist ratsam, ein Stöckchen zu haben, um ein müdes Schul-

Bitte nur mit solchen Kappen reiten!

Hier stimmt die Ausrüstung!

So bitte nicht!

pferd mal motivieren zu können. Es darf aber einschließlich Schlag nicht länger als 75 Zentimeter sein und sollte sehr bedacht eingesetzt werden.

Sporen braucht man anfangs nicht, die muss man sich verdienen. Der Reitlehrer sagt schon, wann es soweit ist.

Aus Sicherheitsgründen sollten lange Haare immer zusammengebunden sein. Zu Fuß sehen sie wunderbar aus, zu Pferde fliegen sie herum, nehmen die Sicht und können sich allzu leicht im Gezweig oder bei einem Sturz festhaken und schlimme Verletzungen hervorrufen. Dasselbe gilt für lange Flatterschals; auch offene Jacken sind gefährlich. Die Reißverschlüsse oder Knöpfe könnten klappern, und das unruhige Flattern der Jacke kann das Pferd beunruhigen (Feind von oben!). Jacke also schließen oder ausziehen.

„Durch die ganze Bahn wechseln“: Man wechselt diagonal von einem Wechselpunkt zum anderen (Buchstaben). Kommt ein anderer Reiter entgegen, reitet man rechts aneinander vorbei, wie im Straßenverkehr.

Grundsätzlich gilt: Wer auf der linken Hand reitet, hat „Vorfahrt“. Das ist eine internationale Regelung. Vor einer Ecke heißt es schon aufgepasst und rechtzeitig genügend Platz gemacht.

„Auf dem Zirkel geritten“: Kommt ein Reiter „ganze Bahn“, so weicht der Reiter auf dem Zirkel nach innen aus. Sind zwei Reiter in Gegenrichtung auf einem Zirkel, so gilt auch hier: Der Reiter auf der rechten Hand weicht in die Zirkelmitte aus.

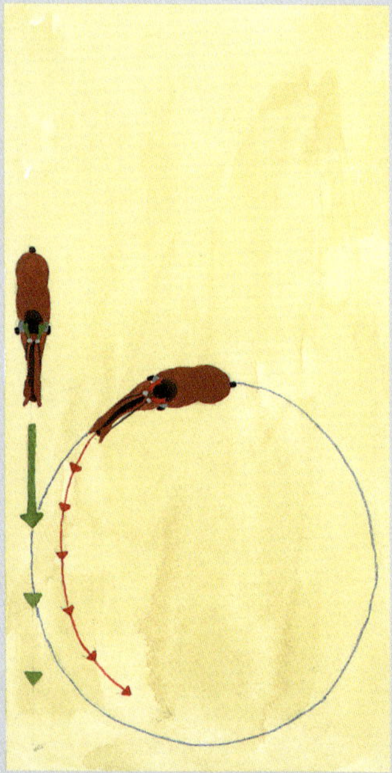

Grundlegende Bahnregeln

Bevor man das Pferd auf den Reitplatz oder in die Reithalle führt, sollte man sich über die grundlegenden Bahnregeln im Klaren sein. Sonst gefährdet man sich selbst oder andere Reiter.

Der Trampelpfad rund um den Reitplatz heißt Hufschlag, alle Abweichungen davon nennt man Hufschlagfiguren. Sie sind vorgeschrieben. Geritten wird auf der linken oder auf der rechten Hand, also links- oder rechtsherum. Die linke Hand hat immer Vorfahrt. Der Reiter, der auf der rechten Hand reitet, muss dem auf der linken Hand entgegenkommenden in die Bahn hinein ausweichen. Im Schritt wird der Hufschlag stets freigehalten. Wenn man auf dem Zirkel reitet, muss man demjenigen, der sich auf der ganzen Bahn befindet, Platz machen, gleichgültig, in welcher Gangart sich beide Reiter bewegen. Wechselt man die Hand über die Diagonale („Durch die ganze Bahn wechseln"), reitet man wie im Straßenverkehr rechts aneinander vorbei. Möchte man ausnahmsweise auf dem Hufschlag stehenbleiben, zum Beispiel um sich die Jacke auszuziehen, ruft man laut und deutlich „Hufschlag frei!" Bitte die Antwort abwarten!

Sind mehrere Reiter in der Reithalle, wird häufig auf einer Hand geritten, also alle reiten links- beziehungsweise rechtsherum. Wenn kein Reitlehrer in der Halle ist, hat der älteste oder erfahrenste Reiter das Kommando: Er sagt von Zeit zu Zeit „Handwechsel" an. Diesem Kommando ist sofort auf dem kürzesten Wege Folge zu leisten. Man wechselt also beim nächsten Wechselpunkt durch die ganze oder halbe Bahn oder wenn man auf dem Zirkel reitet, wechselt man aus dem Zirkel. Es gibt noch einige andere Möglichkeiten die Hand zu wechseln, aber während der ersten Reitstunden sollte das genügen.

Es ist wohl selbstverständlich, dass man grüßt, wenn man in die Reitbahn kommt, und sich verabschiedet, wenn man sie verlässt. Man sollte sich so leise wie möglich verhalten, um andere Reiter nicht zu stören. Also kein überlautes Reden mit dem eigenen Pferd! Pferde können mit ihrem feinen Gehör auch ganz leise Worte hören. Nicht mit der Bandentür knallen und sich nicht quer durch die Halle mit einem Kollegen unterhalten, wenn andere arbeiten.

Auch sollte die Gerte so getragen werden, dass sie vom Reiter nicht weit absteht und andere Pferde im Vorbeireiten kitzelt. Sie könnten danach schlagen. Immer ist darauf zu achten, dass genügend Abstand zu anderen Pferden gehalten wird!

Satteln

Am besten beginnt man mit dem Satteln, solange das Pferd noch gehalftert und angebunden ist.

Zuerst überzeugt man sich, dass die Steigbügel hochgezogen sind und der Gurt glatt über den Sattel geschlagen ist.

Nun greift man mit der linken Hand in die Sattelkammer (unter den vorderen Teil des Sattels) und mit der rechten den Sattel am Zwiesel (dem hinteren Sattelrand), fasst dabei die Satteldekke mit und hebt ihn mit ruhigen Bewegungen von der linken Seite auf den Widerrist des Pferdes. Kleine Leute sollten einen Tritt verwenden.

Jetzt wird der Sattel so weit nach hinten gezogen, dass die Polsterung in der Kuhle hin-

ter der Schulter des Pferdes (manchmal schwer zu erkennen) liegt. (1) So liegt das Fell unter dem Sattel schön glatt.

Dann geht man um das Pferd herum **(2)** und zieht noch einmal die Satteldecke über der Wirbelsäule so hoch wie möglich in den Sattel hinein; „kammern“ nennt man das.

Nun wird der Gurt vorsichtig heruntergenommen und von der linken Seite so festgeschnallt, dass er etwa eine Handbreite hinter dem Ellenbogen-Gelenk des Pferdes liegt .**(3)** Anfangs wird nur so fest gegurtet, dass der Sattel nicht mehr verrutschen kann. **(4)** Nach dem Auftrensen kann man den Gurt meistens schon ein bis zwei Löcher fester ziehen, vor dem Aufsitzen dann noch einmal ein bis zwei Löcher, und die endgültige Festigkeit bekommt der Gurt, wenn man ein paar Runden geritten ist. Anfangs bitte immer einen erfahrenen Reiter fragen, ob Sattel und Zaumzeug richtig angelegt sind!

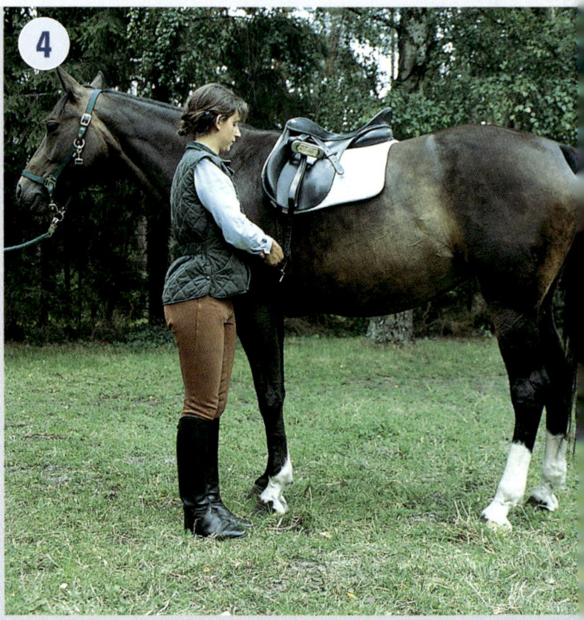

Zügel über den Hals legen, mit der rechten Hand Nasenbein halten.

Gebiss ins Maul schieben, Apfelstück oder Ähnlichesmitgeben

Kopfstück über die Ohren ziehen

Auftrensen

Das Auftrensen kann eine schwierige Angelegenheit sein. Es erfordert ein gutwilliges Pferd und viel Übung vom Reiter. Man sollte sich nicht scheuen, einen erfahrenen Stallkameraden um Hilfe zu bitten.

Zuerst hängt man die geordnete Trense über den linken Arm. Dann stellt man sich links neben den Pferdekopf mit Blick nach vorn. Man löst das Halfter und streift es über den Pferdehals, sodass das Pferd am Hals noch mit Halfter und Strick gehalten wird. Nun legt man mit der rechten Hand die Zügel über den Hals.

Die Trense liegt so in der Hand, dass der Zeigefinger die Backenstücke voneinander trennt.

Nun legt man die rechte Hand mit der Trense auf das Nasenbein des Pferdes, während die linke flache Hand mit leicht gekrümmten Fin-

Nasenriemen, Pullerriemen und Kehlriemen schließen

gern das Gebiss zwischen die Zähne schiebt (ein Zucker- oder Apfelstück wirkt hierbei manchmal Wunder!).

Ist das Mundstück angenommen, zieht die rechte Hand die Trense nach oben zum Stirnschopf und schnell über das rechte Ohr, während die linke das linke Ohr unter dem Genickstück durchzieht. Geschafft! Jetzt noch den Nasenriemen schließen, und zwar so fest, dass noch zwei Finger seitlich am Nasenbein zwischen Fell und Lederriemen passen. Danach wird der Pullerriemen unterhalb der Trensenringe durchgeführt und so geschlossen, dass auch hier zwei Finger zwischen Fell und Riemen passen. Im Zweifelsfall kann man sich an alten Druckstellen am Riemen orientieren. Nun noch den Kehlriemen locker schließen (eine hochgestellte Hand muss zwischen Kehle und Riemen Platz haben), das Halfter über den Kopf ziehen und an den Haken hängen. Nicht auf dem Boden liegen lassen! Es wäre eine Verletzungsgefahr für Mensch und Pferd!

So misst man die eigene Bügellänge! Um ins Gelände zu reiten, empfielt es sich, die Bügelriemen ein bis zwei Loch kürzer zu schnallen. Springbügel werden nochmals kürzer geschnallt.

Aufsitzen

Um das Pferd in die Reithalle zu führen, nimmt man die Zügel vom Hals und hält das Ende in der linken Hand, während die rechte beide Zügel etwa eine Handbreit unterhalb der Trensenringe fasst und dabei der Zeigefinger beide Zügel voneinander trennt. Man geht grundsätzlich an der linken Seite des Pferdes. An Bandentür beziehungsweise Reitplatzeingang angekommen, ruft man laut „Tür frei?“ (das ist eine Frage, nicht etwa ein Befehl!) und wartet die Antwort „ist frei!“ ab. Das Pferd wird zügig in die Mitte des ersten Zirkels geführt und parallel zur kurzen Seite hingestellt. Jetzt werden die Bügel herabgezogen (ohne lauten Knall!) und so verschnallt, dass sie die Länge des ausgestreckten Armes haben. Wenn man die Fingerkuppen auf die Bügelriemenschnalle legt, muss der Steg des Steigbügels bis in die Achselhöhle reichen.

Jetzt stellt man sich in Schulterhöhe neben das Pferd in Richtung Schweif, fasst mit der lin-

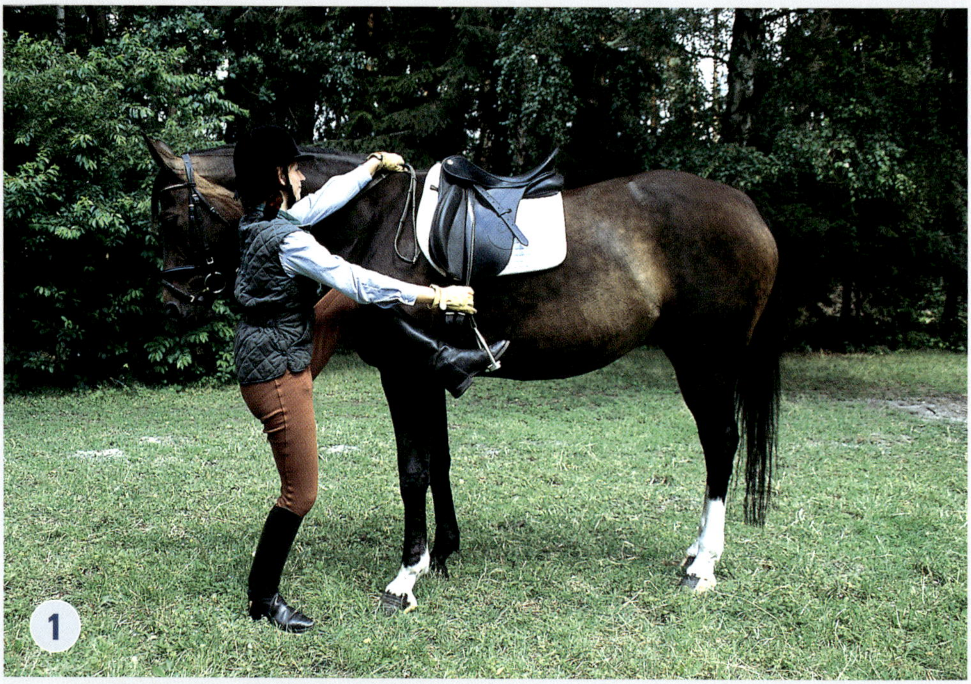

ken Hand ein Büschel Mähne oder den Notriemen des Sattels und hebt den linken Fuß in den Steigbügel. **(1)** Die rechte Hand hält zuerst den Bügelriemen fest, um gleich darauf den Sattelkranz zu greifen, das linke Bein stößt vom Boden ab, man zieht sich hoch und ist in einer Art Stütz-

hang am Pferd. **(2)** Jetzt das rechte Bein gestreckt über den Rücken schwingen. Vorsicht: nicht mit dem Knie oder dem Stiefel den Pferderücken streifen, denn Pferde sind kitzelig! **(3)** Jetzt weich und geschmeidig im Sattel Platz nehmen und sofort den rechten Bügel aufnehmen.

Auch beim Aufsitzen gilt: Übung macht den Meister, bis das Ganze eine fließende Bewegung wird.

Natürlich muss jeder Reiter ohne fremde Hilfe alleine vom Boden aus aufsitzen können! Es könnte ja sein, dass man aus irgendeinem Grund im Gelände absitzen muss (freiwillig oder auch unfreiwillig). Daher ist es ratsam, das Aufsitzen vom Boden aus zu beherrschen.

Nicht nur für den Menschen ist diese Art aufzusitzen unbequem, sondern auch für das Pferd. Der Reiter hängt einen Moment mit seinem ganzen Gewicht an einer Sattelseite und zerrt dadurch am Sattel und am Gurt. In der Reithalle ist zu empfehlen, dass auch junge Reiter von einem Tritt aus aufsitzen.

Am Anfang sollte ein Helfer das Pferd von der rechten Seite aus mit der rechten Hand am Zügel halten und in dem Moment mit der linken am rechten Bügelriemen kräftig nach unten ziehen, in dem der Reiter sich vom Boden abstößt. So wird das Verrutschen des Sattels verhindert, und das Pferd bleibt auch bei unbeholfenen Erstversuchen stehen.

Es ist streng darauf zu achten, auch später, wenn alles schon gut läuft, dass das Pferd ruhig stehen bleibt, bis der Reiter sicher im Sattel Platz genommen hat und der Bügel aufgenommen ist. Erst dann darf sich das Pferd in Bewegung setzen.

Hier berührt das Knie die empfindliche Nierenpartie: Das Pferd reagiert mit Unwillen, es könnte losstürmen.

Auf diese Art aufgesessen, bohrt man die Stiefelspitze dem Pferd in die Rippen! So wird es nicht stehenbleiben.

Wie beim freihändigen Radfahren ist auch beim Reiten Balance alles.

Der Oberkörper ist aufgerichtet, ohne verkrampft zu sein, und der Kopf wird ganz natürlich frei getragen. Der Blick geht zwischen den Pferdeohren hindurch nach vorn. Auch wenn das Pferd in eine Wendung geht und in die neue Richtung schaut, zum Beispiel in der Reitbahnecke, auf dem Zirkel oder in einer Volte, sollte der Reiter stets zwischen den Pferdeohren hindurchschauen, weil er sich sonst zu leicht im Oberkörper verdreht.

Die Schultern werden ein wenig zurückgenommen und entspannt fallen gelassen. Die Arme hängen ganz natürlich herab. Nun schließt man locker die Faust und winkelt die Arme im Ellenbogen an, bis die Fäuste etwa eine Handbreit über dem Widerrist stehen. So sind Arm- und Handhaltung korrekt. Diese natürliche Haltung muss in allen Gangarten beibehalten werden!

Der Sitz

Nun sitzt man zum ersten Mal auf dem Pferd! Man sitzt tatsächlich - gleichmäßig ausbalanciert - auf beiden Gesäßknochen tief im Sattel und lässt die Beine lang und locker hängen. Nur die Fußspitzen werden unter dem Ballen vom Bügel abgefangen. Der Absatz ist der tiefste Punkt des Reiters. Die Füße stehen ungefähr parallel zum Pferd, sodass die flache Wade am Pferdekörper anliegt (und nicht etwa die Hacke). Trägt man später Sporen, kann man bei korrekter Schenkellage sicher sein, dass der Sporn nach unten ragt und nicht vom Reiter unbewusst in die Pferderippen gepiekst wird. Wenn der Absatz tief ist und die Wade flach am Pferd liegt, kann das Fußgelenk in der Bewegung mitfedern. Das ist wichtig!

Welche Mittel („Hilfen") stehen nun zur Verfügung, um sich dem Pferd verständlich zu machen?

Gewichtshilfe: Ähnlich wie beim freihändigen Fahrradfahren ist auch beim Reiten die Balance alles. Durch Gewichtsverlagerung kann man die Richtung bestimmen. Man sitzt in die Richtung, in die man reiten will. Es ist tatsächlich ein „Hin-sitzen" , genauso wie „Hin-gehen". Man kann nach vorn, rechts oder links, sogar nach hinten sitzen oder sich schwer in das Pferd hineinfallen lassen und es scheinbar am Boden festdrücken. Am besten, man übt das einmal auf einem Hocker.

Unterstützt wird die Gewichtshilfe durch die **Schenkelhilfe:** Legt man die Wade fester an, ist es für das Pferd ein Signal, energischer vorwärts zu treten. Drückt man dann auch noch mit beiden Gesäßknochen nach vorn,

Von den Ohren über den Oberarm bis zum Hüftknochen und hinunter zu Sporen läuft eine senkrechte Linie.

indem man das Becken ein wenig kippt (als ob man mit dem Hocker „kippelt"), so ist das ein Zeichen, das Tempo zu beschleunigen, vom Stand in den Schritt oder vom Schritt in den Trab zu kommen. Beide Schenkel haben aber auch noch verschiedene andere Aufgaben: Der innere Schenkel (das ist der linke auf der linken Hand und der rechte auf der rechten Hand) ist in der Regel der treibende Schenkel.

Er liegt am Gurt und treibt, unterstützt vom „Kreuz", das heißt von dem nach vorn gegen die Sattelkammer drückenden Sitzknochen, vorwärts oder zur Seite (Seitengänge aber bitte noch nicht üben, da man durch falsch gerittene Seitengänge beim Pferd Schaden anrichten kann). Der äußere Schenkel liegt ein wenig hinter dem Gurt und verwahrt das Pferd auf der richtigen Spur, das heißt er sorgt dafür, dass das Pferd nicht mit der Hinterhand zur Seite tritt („ausfällt").

Die Zügelhilfe ist die einzige Hilfe, die nie allein angewandt werden darf. Immer wird sie mit Kreuz und Schenkel in Kombination gegeben. Man unterscheidet nachgebende (etwas nach vorn gehende), annehmende (nach innen eingedrehte Zügelfäuste) und durchhaltende (durch elastisch hingestellte, feststellende Hände) Zügelhilfe. Hinzu kommt die richtunggebende Hilfe.

Gewichts-, Schenkel- und Zügelhilfe sind, fein aufeinander abgestimmt, das ganze Geheimnis der Reiterei. Man braucht jedoch viele Jahre, um annähernd gelernt zu haben, dieses Zusammenspiel meisterlich zu beherrschen.

Von hinten ergeben Kopf und Rücken des Reiters zusammen mit der Mitte der Kruppe und dem Schweif des Pferdes eine Senkrechte, während Schultern, Hüften und Füße des Reiters waagerechte Parallelen ergeben.

Die Stimme ist wichtig für ganz junge Pferde. Sie beruhigt, muntert auf oder kommt auch einmal scharf verwarnend. Später muss es natürlich fast ohne sie gehen. Aber loben sollte man ein Pferdeleben lang!

Die Gerte wird nur kurz zum Touchieren benutzt, um ein Hinterbein zu aktivieren, das Treiben zu forcieren oder – wenn man schon sehr sicher ist – auch einmal einen wohl überlegten Klaps zu erteilen.

Das Becken ist nach vorn gekippt, der Schenkel wird vermehrt angelegt, die Hand geht ein wenig vor. So tritt das Pferd von hinten nach vorne an.

Man stelle sich vor, auf einer Zahnpastatube zu sitzen, deren Deckel offen ist. Sitz man gegen den vollen Teil der Tube und legt die Beine verstärkt an, kommt die Zahnpasta vorn zur Tube heraus. Genauso ist es beim Anreiten. Die Hand geht ein wenig vor, damit die Bewegung nach vorn herausgelassen wird.

Der Schritt

Im Stand nimmt man die Zügel auf. Der Zügel läuft zwischen Ring- und kleinem Finger durch die locker geschlossene Faust und wird zwischen Daumen und Zeigefinger festgeklemmt. Der Daumen liegt wie ein Dach auf der aufgestellten Faust. Nun stellt man sich am besten vor, man säße auf einer offenen Zahnpastatube: Kippt man das Becken nach vorn, legt die Schenkel energisch an und geht ein wenig mit der Faust nach vorn, so kommt die Zahnpasta vorne heraus – das Pferd setzt sich in Bewegung. Der Schritt ist ein Viertakt, er sollte ruhig schreitend sein. Jetzt hat man Zeit auszuprobieren, was passiert, wenn das Gewicht verlagert wird, wenn man die Schenkel vermehrt anlegt oder einseitig benutzt. Man kann auch versuchen, ohne Zügeleinwirkung Bögen zu reiten, um die Balance zu schulen, so, als ob man freihändig Fahrrad fahren würde. Man denkt sich auf dem Reitplatz einen Punkt, zum Beispiel den H-B-Punkt, von dem man nach links in die Bahnmitte abbiegen möchte. Dazu verlegt man das Gewicht auf das linke Sitzbein nach vorwärts-abwärts, der linke Schenkel bleibt am Gurt, während der rechte eine Handbreit zurückgenommen wird. Auch die rechte Schulter wird in die neue Richtung gedreht. Man schaut den Zielpunkt an, und das Pferd wird sich ohne Zügeleinwirkung auf der Linie bewegen, die man sich vorgenommen hat.

Der Trab

Um in den Trab zu kommen, wiederholt man die Hilfe vom Stand zum Schritt. Der Trab ist ein Zweitakt. Er ist am schwierigsten zu sitzen, weil der Pferderücken stark vorwärts-abwärts-aufwärts schwingt. Der Rücken des Reiters muss sich diesen Schwingungen anpassen, damit das Gesäß nicht in den Sattel plumpst, sondern daran klebt. Diese Art des Trabens nennt man „Aussitzen". Die Hände müssen dabei ganz ruhig bleiben, die starken Bewegungen werden im Ellenbogengelenk abgefangen. Und bitte nicht in die Bügel stellen! Da heißt es wieder: üben, üben!

Hat man einige Sicherheit erlangt, kann man versuchen, sich und dem Pferd durch „Leichttraben" das Leben zu erleichtern. Zunächst

schaut man auf die Schultern des Pferdes und beobachtet, wie sie hin und her schwingen. Dann zählt man mit: eins - zwei - eins - zwei. Eins ist die äußere, zwei die innere Schulter. Nun lässt man sich bei zwei aus dem Knie heraus hochschwingen, bei eins wieder in den Sattel gleiten (nicht fallen!). Die Knie liegen fester an, damit man sich nicht in die Bügel stellt. Der Unterschenkel bleibt an seinem Platz und die Fußgelenke federn in der Bewegung mit. Die Hände werden ganz still getragen. Der Ellenbogen gleicht die Bewegung aus. Das fällt leichter, wenn man sich vorstellt, man habe in jeder Hand ein gefülltes Wasserglas und es darf kein Tropfen beim Leichttraben verloren gehen. Wenn man das Leichttraben beherrscht, ist es für Reiter und Pferd vor allem über längere Strecken die schonendste Art und Weise, sich im Trabe zu bewegen.

Es gibt in den drei Grundgangarten (Schritt, Trab, Galopp) Tempounterschiede. Man unterscheidet Arbeitstempo, das versammelte, mittelere und starke Tempo. Für Anfänger ist das Arbeitstempo das gebräuchlichste Tempo. Der Laie kann die Unterschiede im Trab am leichtesten erkennen. Im Arbeitstempo geht das Pferd in seiner natürlichen Haltung schwungvoll vorwärts, während es in der Versammlung von hinten nach vorn vermehrt an das Gebiss herangeschoben wird. Die Hinterhand tritt unter den Schwerpunkt, das Pferd richtet sich auf und die Tritte werden erhabener. Dadurch werden die Tritte aber auch kürzer. In Versammlung reiten hat also mit „Langsamreiten" nichts zu tun! Das alles ist nur etwas für Könner!

Bei den Verstärkungen – Mittel- und starker Trab – wird der ganze Schwung aus der untertretenden, tragenden Hinterhand nach vorn herausgelassen. Das Pferd wird weiter im Hals und schwingt in langen, flacheren Tritten vorwärts; es macht größere Tritte und scheint dadurch schneller zu werden. Aber auch diese Übung ist für Fortgeschrittene.

Schwungvoll tritt das Pferd mit weitem Hals und aktiver Hinterhand vorwärts. Die Tritte werden flacher und länger. Es gewinnt viel Boden.

Das Pferd wird von hinten über den Rücken an das Gebiss geschoben. Die Tritte werden erhabener, gewinnen aber dafür weniger an Boden.

Der Galopp

In der Aufwärtsbewegung wird der Winkel in Hüfte und Ellenbogen enger.

In der Abwärtsbewegung wird der Winkel weiter.

Wie auf dem Schaukelpferd ist der Oberkörper stets in der Senkrechten.

Der Galopp ist ein Dreitakt und leichter zu sitzen als der Trab. Man unterscheidet zwischen Rechts- und Linksgalopp, je nachdem, ob das rechte oder das linke Vorderbein des Pferdes weiter vorgreift als das andere. Befindet man sich auf der linken Hand, reitet man normalerweise im Linksgalopp. Man leitet diesen ein, indem man aus dem ausgesessenen Trab den linken Schenkel an den Gurt und den rechten Schenkel eine Handbreit hinter den Gurt legt. Der rechte Zügel wird tief festgestellt, während die innere, linke Zügelfaust ein wenig vorgeht. Der linke Gesäßknochen wird nach vorwärts-abwärts belastet, und in dieser Stellung wird Druck gemacht, wie auf der Zahnpastatube. Diese Hilfen müssen alle zeitgleich zusammenwirken, so, als ob man mit dem linken Bein einen großen Schritt nach vorne machte. Die rechte Schulter darf dabei nicht zurückbleiben. Diese Stellung muss während der ganzen Galopptour beibehalten werden!

So wird eine „halbe Parade" geritten.

Im Galopp bewegt sich das Pferd ähnlich einem Schaukelpferd, und genauso balanciert der Reiter die Sprünge in der Hüfte und im Ellenbogen aus. Der Oberkörper bleibt ruhig und aufrecht und die Schenkel bleiben am beziehungsweise hinter dem Gurt, ohne hin und her zu pendeln.

Möchte man sein Pferd nun wieder zurück zum Trab führen, kommen beide Schenkel an den Gurt, der Reiter richtet sich ein bisschen auf, nimmt die Zügel an, indem die Fäuste etwas eingerollt werden, und lässt sich „in das Pferd hineinfallen". Dabei legt er die Waden vermehrt an und wechselt so vom Drei- in den Zweitakt.

Am Anfang ist es gut, wenn man bei den ersten Tritten nach dem Galopp die Knie fest an den Sattel presst, um dem Pferd nicht mit dem eigenen Gewicht in den Rücken zu fallen. Wenn man gelernt hat, die kritischen Tritte geschmeidig auszusitzen, sollte man versuchen, den ersten Trabtritt so schön wie den fünften oder sechsten zu gestalten, also keine unklare Übergangsphase zuzulassen.

Ebenso wie vom Galopp zum Trab gelangt man vom Trab zum Schritt und vom Schritt zum Halt. Diese Übergänge werden „halbe Paraden" genannt.

Am hingegebenen Zügel einige Zeit im Schritt reiten, bis das Pferd sich beruhigt hat

Auspendeln und Absitzen

Der Atem muss sich auf zehn bis zwölf Atemzüge pro Minute beruhigt haben und das Pferd sollte annähernd getrocknet sein.

Nach dieser für Reiter und Pferd anstrengenden Arbeit sollten beide eine Zeitlang in ruhigem Schritt „auspendeln": Am hingegebenen Zügel, das heißt, man lässt die Zügel so lang aus der Hand gleiten, dass man nur die Schnalle anfasst, darf sich das Pferd weit vorwärts-abwärts dehnen und mit ganz tiefer Nase in langen Schritten ruhig schreiten. Dabei fühlt man sich noch einmal in die schreitende Bewegung des Pferdes hinein und überprüft seinen Sitz. Hat sich die Atmung des Pferdes beruhigt (zehn bis zwölf Atemzüge pro Minute sind normal), kann man absitzen. Das Pferd wird in der Mitte des oberen Zirkels zum Halten gebracht.

Es gibt zwei Arten des Absitzens:

- 1. Beide Zügel mit der linken Hand halblang fassen und beide Fäuste rechts und links auf die Sattelpauschen legen. Beide Füße aus den Steigbügeln nehmen und mit einer eleganten Flanke das rechte Bein hoch über das Pferd schwingen und weich neben der Schulter des Pferdes landen. So abzusitzen ist am sichersten bei jungen, unruhigen Pferden, muss aber vom Reiter sicher beherrscht werden.
- 2. Mit der linken Hand beide Zügel und in die Mähne fassen, den rechten Fuß aus dem Bügel ziehen und das rechte Bein hoch über den Pferderücken schwingen. Schnell greift

Mit einer Flanke über den Pferderücken schwingen und ...

Halten und beide Füße aus dem Bügel nehmen.

... weich auf dem Boden landen mit dem Gesicht nach vorn. Die Zügel in der Hand behalten!

Den rechten Fuß aus dem Bügel nehmen und das rechte Bein über den Pfederücken schwingen. Der linke Fuß bleibt noch im Bügel.

Dann erst den Fuß aus dem Bügel nehmen …

… und sich sachte auf die Erde gleiten lassen.

die rechte Hand den Sattelkranz, und der Oberkörper legt sich quer über den Sattel in eine Art Stützhang. Nun wird der linke Fuß aus dem Bügel genommen und der Reiter lässt sich sachte auf die Erde gleiten. Diese Art abzusitzen empfiehlt sich bei ruhigen, erfahrenen Pferden und Reitern, die turnerisch nicht ganz so fit sind.

Bei beiden Möglichkeiten ist darauf zu achten, dass das rechte Bein den Pferderücken nicht berührt und die Hand mit den Zügeln nicht im Maul reißt. Die Zügel sollten aber immer angefasst bleiben, damit das Pferd stets im Griff ist.

Die Zügel auf dem Hals liegen lassen, dann halftern, Zügel vom Hals nehmen und anbinden

Absatteln und Abtrensen

Der Zügel wird vom Hals genommen und über den Arm gehängt. Jetzt werden beide Steigbügel hochgeschoben, mit den Bügelriemen festgestellt und der Sattelgurt um zwei bis drei Loch gelockert. Das Pferd wird ausgiebig gelobt, und nach einem lauten „Tür frei?" (Antwort abwarten!) verlässt man die Bahn.

Im Stall löst man jetzt die Schnallen von Kehl-, Puller- und Nasenriemen der Trense. Bitte in dieser Reihenfolge, damit das Pferd erst gar nicht dazu kommt, mit dem Gebiss herumzuspielen. Die Zügel bleiben noch auf dem Pferd liegen. Mit beiden Händen fasst man das Genickstück rechts und links unterhalb der Ohren und zieht die Trense nach vorn über die Ohren. Das Pferd spuckt dabei das Gebiss aus. Die eine Hand hält das Pferd am Nasenbein fest. Die Trense wird über den Unterarm gehängt aber die Zügel bleiben noch auf dem Pferdehals. Die andere Hand angelt nach dem bereitgehängtem Halfter. Das Pferd wird aufgehalftert und die Trensenzügel vom Hals genommen. Nachdem das Pferd angebunden worden ist, kommt die Trense an den Haken. Jetzt wird der Sattelgurt geöffnet und über den Sattel gelegt. Dieser wird von der linken Seite vom Pferderücken genommen. Nun kann der Sattel auf den Bock gehängt und zugedeckt werden. Das Trensengebiss wird abgewaschen und getrocknet.

Zum Sattel- und Zaumzeug

Das Sattel- und Zaumzeug muss nicht das neueste und schickste sein! Wichtig ist, dass es zweckmäßig und in Ordnung ist.

Für den Anfang ist ein Trensenzaum mit hannoverschem oder englischem Reithalfter mit Pullerriemen richtig. Das Trensengebiss sollte dick und massiv sein und ein oder zwei Gelenke haben (einfach oder doppelt gebrochen). Die Zügel sind als Gurtzügel mit Lederstegen am griffigsten.

Der Sattel muss dem Pferd vom Fachmann angepasst sein. Für den Anfänger ist ein Vielseitigkeitssattel am zwecksmäßigsten, weil man die Bügelriemen kürzer und länger schnallen kann. Es ist darauf zu achten, dass die Gurtstrupfen in ordentlicher Verfassung sind! Dasselbe gilt für die Bügelriemen und die Zügel. Das ist zur Sicherheit von Reiter und Pferd notwenig.

Jetzt wird die Box gemacht

Solange das Pferd noch auf der Stallgasse angebunden steht, wird die Box gemacht. Natürlich kann die Box auch vor dem Reiten geglättet werden. Wichtig ist aber, dass das Pferd nicht in der Box steht, wenn man mit der Forke in der Box arbeitet, weil es allzu leicht zu gefährlichen Stichverletzungen kommen kann. Mit der Forke werden nasses Stroh und Pferdeäpfel an den Rand der Box befördert oder auf eine Schubkarre geladen. Weil es in jedem Stall unterschiedlich gehandhabt wird, sollte man danach fragen. Bleibt der Mist in der Box, wird die Box geglättet und sauberes Stroh wird über das nasse gestreut. Es ist darauf zu achten, dass in der Mitte der Box kein Berg entsteht! Die Ränder sollten immer etwas höher sein als die Mitte, damit das Pferd, wenn es sich wälzt, nicht mit dem Rücken zwischen Wand und Mistberg gerät und sich festlegt.

Jetzt wäre es schön, wenn man etwas Heu in die Box legen könnte. Auf jeden Fall kommt eine Belohnung in Form von Möhren, einem zerschnittenen (!) Apfel oder getrocknetem Brot in die Krippe.

Wenn das Pferd so gut versorgt ist, kann man sich bis zum nächsten Mal verabschieden.

Abpflegen

Es wäre unfair, das Pferd viele Stunden bis zum nächsten Reiten mit verklebtem Fell in der Box stehen zu lassen. Deshalb wird mit Wurzelbürste, Kardätsche und Schwamm das Fell des Pferdes noch einmal bearbeitet. Sattellage, Gurtenlage und Maul werden mit dem Schwamm vom Schweiß befreit und das Fell wird noch einmal glatt gebürstet.

Wenn das Pferd stark geschwitzt hat und noch nicht trocken sein sollte, muss es eine Abschwitzdecke übergelegt bekommen, die allerdings, nachdem das Pferd getrocknet ist, wieder abgenommen werden muss. Wenn die Zeit knapp ist, kann man auch einmal trockenes Stroh auf den Pferderücken häufen. Pferde können Hitze und Kälte viel besser verkraften, als wir Menschen. Sie sind aber sehr empfindlich gegen Zugluft, und ist ihre Nierenpartie feucht, erkälten sie sich sehr leicht.

Ganz wichtig ist es, nach dem Reiten die Hufe zu kontrollieren und mit dem Hufkratzer die Hufe von festgetretenem Sand und eingetretenen Steinen zu befreien.

Nun wird das Pferd in die Box geführt. Dabei geht man voran. Niemals darf man das Pferd alleine in die Box gehen lassen. Es könnte sich im letzten Moment anders entscheiden und ist dann unkontrolliert im Freien! In der Box wird es abgehalftert und nochmals ausgiebig gelobt.

Jetzt den Putzkasten forträumen, die Gerte nicht vergessen, alles noch einmal überprüfen, dem Pferd ein Leckerli geben und hoffentlich glücklich den Stall verlassen bis zum nächsten Mal. Ist das einmal nicht der Fall, dann nicht den Mut verlieren. Auch hier gilt: nur Übung macht den Meister!

Zum Schluß

Sicherheit für das Pferd

- Nach dem Ausritt Hufe räumen
- Nur das beruhigte Pferd in den Stall bringen
- Das verschwitzte Pferd trocken reiten
- Das noch feuchte Pferd mit Decke oder Stroh abdecken
- Alle Gegenstände wie Forken, Besen, Halfter auf dem Boden und Ähnliches, an denen sich das Pferd verletzten kann, außer Reichweite räumen.

Weiterführende Cadmos-Pferdewissen-Bände speziell für Einsteiger:

- **Der richtige Sitz**
- **Die Reiterhilfen**
- **Pferdesprache**
- **Erste Dressurübungen**
- **Stangenarbeit**

Erhältlich im Reitsportfachhandel oder im Buchhandel oder unter www.cadmos.de

Sicherheit für den Reiter

- Splitterfreien Helm tragen
- Lange Haare zusammenbinden
- Lange Schals sicher verknoten
- Jacken immer schließen oder ausziehen
- Nur Schuhzeug mit glatten, durchgehenden Sohlen tragen und Turnschuhe sowie Profilsohlen meiden.

Sicherheit für beide

- Immer bedenken, dass das Pferd ein Fluchttier ist
- Immer eine Hand ans Pferd
- Keine Experimente eingehen
- Lieber den Reitlehrer oder einen erfahrenen Reiter fragen